Fayad BOURAIMA

Mieux manger en étant étudiant

Fayad BOURAIMA

Mieux manger en étant étudiant

Éditions Vie

Imprint
Any brand names and product names mentioned in this book are subject to trademark, brand or patent protection and are trademarks or registered trademarks of their respective holders. The use of brand names, product names, common names, trade names, product descriptions etc. even without a particular marking in this work is in no way to be construed to mean that such names may be regarded as unrestricted in respect of trademark and brand protection legislation and could thus be used by anyone.

Cover image: www.ingimage.com

Publisher:
Éditions Vie
is a trademark of
Dodo Books Indian Ocean Ltd. and OmniScriptum S.R.L publishing group

120 High Road, East Finchley, London, N2 9ED, United Kingdom
Str. Armeneasca 28/1, office 1, Chisinau MD-2012, Republic of Moldova, Europe
Printed at: see last page
ISBN: 978-613-9-58945-6

A mes parents Moctar BOURAIMA et Aïssata DIAKITE

A ma chère petite grande sœur Samirath ADJADI

NOTES DE L'AUTEUR

Les étudiants ont des habitudes alimentaires qui diffèrent de celle du reste de la population. Ils consacrent près de la moitié de leur budget alimentaire aux repas pris à l'extérieur. Cela peut s'expliquer soit par un budget insuffisant, des connaissances incomplètes sur l'équilibre alimentaire, un manque de temps... J'ai donc eu l'idée de réaliser ce livret où vous trouverez des astuces et des conseils afin de mieux vivre votre vie étudiante en ce qui concerne l'alimentation.

En tant qu'étudiant, rares sont les personnes avec les moyens de se payer tout ce qu'ils souhaitent pour les repas. Le budget alimentation étudiant se trouve généralement entre 5000 et 10000 francs par semaine, et, contrairement aux idées reçues, il est largement suffisant pour manger équilibré et savoureux tous les jours. Pour ceci, préparez-vous un menu pour la semaine suivante en :

➢ Intégrant les produits qu'il vous reste chez vous afin de ne rien gâcher.

➢ Prenant en compte les épices et aromates que vous possédez (n'hésitez pas à en découvrir, ce n'est pas forcément très cher si vous en achetez une par mois).

➢ Prenez en compte vos goûts.

➢ Appliquer les règles d'équilibre alimentaire que vous retrouverez sur les sites nationaux ou dans ce petit livret.

➢ N'hésitez pas à utiliser les mêmes aliments plusieurs fois dans la semaine mais cuisinés différemment (avec 1 kilos de tomates, on peut réaliser des salades, des sauces...)

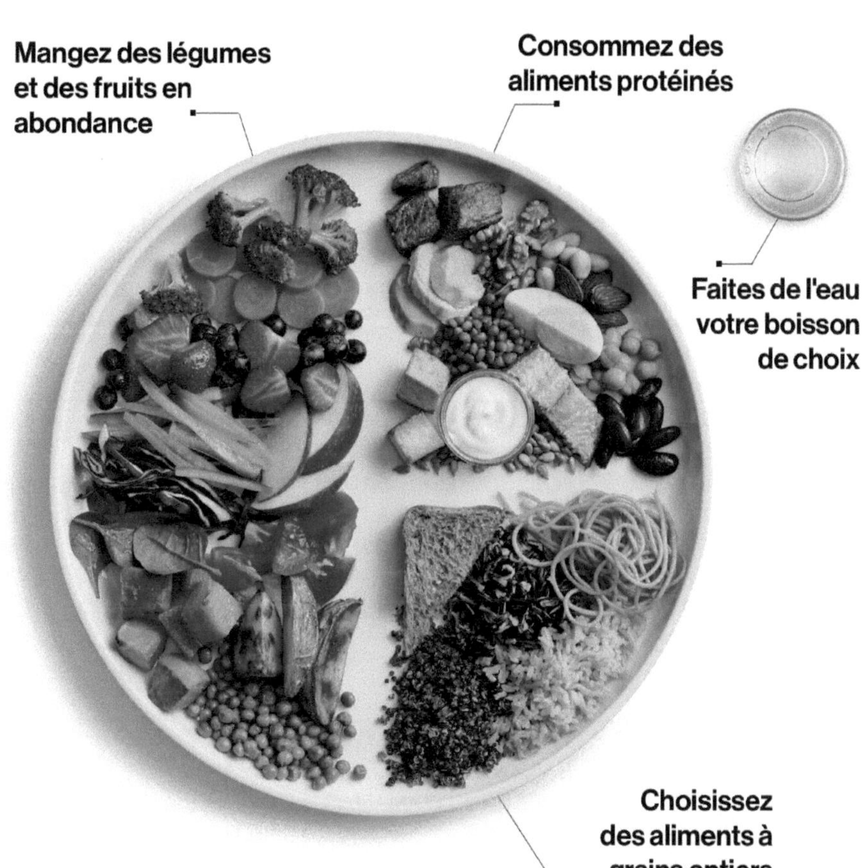

Buvez 2 à 3 L d'eau par jour

SEMAINE 1

REPAS	LUNDI	MARDI	MERCREDI	JEUDI	VENDREDI
PETIT DEJEUNER	THE A LA CITRONELLE AU LAIT AVEC DU PAIN GARNI DE LA PUREE D'AVOCAT	BOUILLIE DE MAIS CHAUDE AU LAIT AVEC DES BEIGNETS	CHOCOLAT AU LAIT AVEC DU PAIN GARNI DE MARGARINE	BOUILLIE DE MIL CHAUDE AU LAIT AVEC DES BEIGNETS SUCRÉS	BOUILLIE DE FLOCONS D'AVOINES AU LAIT AVEC DU PAIN GARNI D'OMMELETTES
DEJEUNER	RIZ BLANC A LA SAUCE TOMATE ET A LA VIANDE DE POULET	ATTIEKE AU POISSON FRIT AVEC DES CRUDITÉS	IGNAME BOUILLI A LA SAUCE TOMATE EPAISSE ET A LA VIANDE	HARICOTS BLANCS A LA VIANDE DE BŒUF EMINCÉE ET A LA FRITURE DE TOMATE	PÂTE DE MAIS (DJEWÔ) A LA SAUCE TOMATE AU PIMENT VERT ET A LA VIANDE DE POULET
GOÛTER	JUS DE BAOBAB AVEC DES BISCUITS SECS	CHIPS DE BANANE AVEC DU JUS DE COCO	TALÉ-TALÉ ET DU JUS D'ANANAS	JUS DE BISSAP ET DES BISCUITS AU CHOCOLAT	DÊGUÊ FRAIS ET DU PAIN SUCRE
DINER	PÂTES A LA TOMATE ET DIVERS LEGUMES AVEC DES ŒUFS BOUILLIES	RIZ GRAS A LA TOMATE, LA CAROTTE ET AU CHOUX AVEC DU POISSON	AKASSA A LA SAUCE YEBESESSI	ABLO A LA SAUCE TOMATE ET AU POISSON	PIRON A LA SAUCE GOMBO ET AU POISSON FUMÉ

RECOMMANDATIONS :

- Privilégiez le fait maison aux plats cuisinés au restaurant ou chez la bonne dame du quartier.
- Cela vous permet d'économiser plus et de gérer soi-même les quantités, les ingrédients et de pouvoir choisir des aliments de saison et produits localement.
- En outre la cuisine maison permet aussi de cultiver ou de faire germer votre créativité culinaire et vous apprend aussi l'art de cuisiner les restes (dans un but écologique).
- Par ailleurs certains repas nécessitent une préparation très chronophage et souvent difficile à réaliser par manque d'outils ou de connaissances, il est donc préférable pour ces repas (wassa-wassa, atchèkè, abolo ou encore de l'igname pilé) de les acheter si besoin.

SEMAINE 2 :

REPAS	LUNDI	MARDI	MERCREDI	JEUDI	VENDREDI
PETIT DEJEUNER	PURÉE D'AVOCAT AUX LEGUMES AVEC DU PAIN ET DU THÉ DE VERVEINE	CHOCOLAT AU LAIT ET AU CROISSANT	BOUILLIE DE MIL AUX BEIGNETS DOCÔ	BOUILLIE D'AKLOUI AVEC DES ARACHIDES GRILLÉS	BOUILLIE DE SOJA AU LAIT AVEC DU PAIN GARNI D'OMMELETTES
DEJEUNER	ATASSI A LA FRITURE DE TOMATE ET AU SAUCISSE DE POULET	PIRON A LA SAUCE ASRÔKOUIN AU CRABE ET AU POISSON	RIZ BLANC A LA SAUCE TOMATE ET A LA VIANDE DE POULET	AGBÉLI AVEC TCHAYOMAN AU FROMAGE ET AU POISSON	COME A LA SAUCE PIMENTÉE ET AU POISSON
GOÛTER	JUS D'ANANAS AUX BISCUITS	YAOURTS AUX BISCUITS AU CHOCOLAT	GATEAUX AU JUS DE BAOBAB	CRÊPES A LA CONFITURE ET AU LAIT	BRIOCHES AU JUS D'ORANGE
DINER	PÂTES ALIMENTAIRES AUX ŒUFS ET A LA SOUPE DE LEGUMES	AKASSA A LA SAUCE FONMAN ET AU POISSON	PÂTE DE MAIS A LA SAUCE TOMATE ET CRINCRIN AU FROMAGE ET AU POISSON	SALADE DE LEGUMES DIVERS A LA VINAIGRETTE ET AU THON	POMMES DE TERRE BOUILLIE AUX LEGUMES A LA VINAIGRETTE ET AUX OEUFS

RECOMMANDATIONS :

- Si vous consommez de l'alcool, ne pas dépasser une consommation par jour. L'alcool n'est pas nécessaire à l'organisme. Il peut être toxique pour l'organisme même à faible dose.
- Consommer avec modération les boissons gazeuses et autres boissons sucrées. Ces boissons n'apportent que du sucre et peuvent favoriser l'obésité et le diabète.

Boisson	1 consommation
Bière	1 petite bouteille de bière (300-330 ml)
Vin	3/4 de verre bambou (150ml)
Sodabi et liqueurs	1 talokpémi (45 ml)

SEMAINE 3 :

REPAS	LUNDI	MARDI	MERCREDI	JEUDI	VENDREDI
PETIT DEJEUNER	YAOURT NATURE AU CROISSANT ET A L'ŒUF AU PLAT	BOUILLIE DE TAPIOCA AU LAIT AVEC DES BEIGNETS	THÉ AVEC DU PAIN SUCRÉ GARNI D'OMMELETTES	BOUILLIE DE RIZ AU LAIT AVEC DU PAIN	BOUILLIE DE MAIS AU LAIT AVEC DES BEIGNETS YOVO DOCÔ
DEJEUNER	RAGOUT D'IGNAME AUX LEGUMES DIVERS ET AU GESIER HACHÉ	ATASSI OU WATCHÉ A LA FRITURE DE TOMATE ET A L'ŒUF BOUILLI ET AU POISSON	SALADE DE CRUDITÉ AU SAUMON FUMÉ A LA VINAIGRETTE ET AU PAIN	BANANE BOUILLIE AVEC UNE FRITURE DE TOMATE ET DES SARDINES	RIZ A LA SAUCE AUBERGINE ET AU CRABES FRITS
GOÛTER	BISCUITS SECS AU JUS DE GINGEMBRE	CHOCOLAT AU LAIT	GALETTES A LA BOUILLIE DE MIL	IGNAME FRIT ET DU JUS D'ORANGE	BEIGNETS DE MIL AVEC DE LA BOUILLIE DE FLOCONS D'AVOINE AU LAIT
DINER	RIZ A LA SAUCE EPINARD ET AU POISSON FUMÉ	PÂTE DE COSSETES D'IGNAMES A LA SAUCE MAN TINDJAN AU CRABE ET AU FROMAGE DE LAIT DE VACHE	ABLO A LA SAUCE PIMENT ET ALLOCO	WASSA-WASSA A LA FRITURE DE TOMATE AVEC UNE SAUCISSE DE POULET	IGNAME PILÉE AVEC DE LA SAUCE ARACHIDE A LA VIANDE DE MOUTON ET AU FROMAGE DE LAIT DE VACHE

Buvez 2 à 3 L d'eau par jour

RECOMMANDATIONS :

- Il arrive à de nombreuses personnes de commencer à somnoler aux environs de 10 heures 30 du matin, d'avoir des maux de tête et de voir tout son entrain s'estomper.

- Cela parce que nos petits déjeuners sont trop riches en sucre. Le sucre ajouté au bol de bouillie ou à la tasse de chocolat au lait, fait monter rapidement le taux de sucre dans le sang.
- Ce sucre monte et disparaît de l'organisme aussi rapidement qu'il a augmenté votre glycémie et vous impose une autre pause déjeuné.

- De plus, le cerveau en redemande et bien souvent il s'installe un cercle infernal de dépendance au sucre, duquel vous avez du mal à vous extirper.

- Il est donc recommander de faire usage d'une petite quantité de sucre au petit déjeuner ou ne carrément pas en mettre dans la bouillie ou le thé du petit déjeuner.

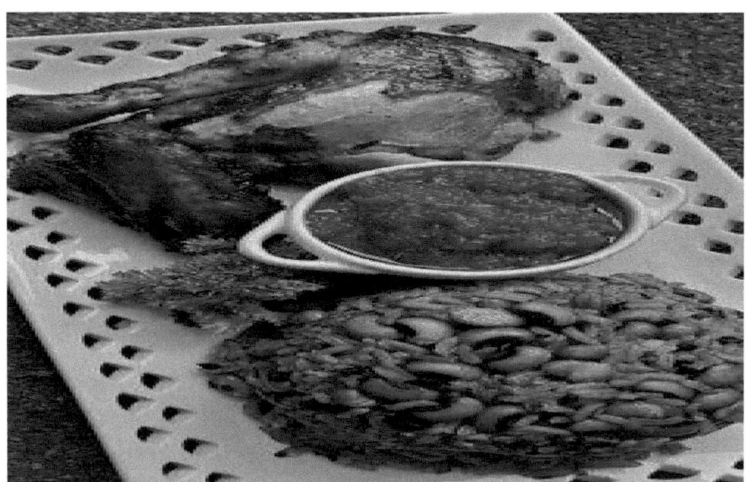

SEMAINE 4:

REPAS	LUNDI	MARDI	MERCREDI	JEUDI	VENDREDI
PETIT DEJEUNER	THE A LA MENTHE AVEC DU SANDWICH DE POISSON	BOUILLIE DE MAIS AU LAIT AVEC DES BEIGNETS SALES	BOUILLIE DE SOJA AU LAIT AVEC DU PAIN GARNI D'OMMELETES ET DIVERS LEGUMES	BOUILLIE AKLUI AUX BEIGNETS SALES	THE A LA CITRONNELLE AU LAIT AVEC DES PETITS PAINS
DEJEUNER	ATTIEKE AU POISSON FUME ET AUX DIVERS LEGUMES	RIZ JAUNE AVEC UNE SAUCE A LA TOMATE A L'OIGNON ET A LA CAROTTE ET DU POULET	FRITES AU POULET FRIT	BANANES BOUILLIES AUX ŒUFS BROUILLES A L'OIGNON TOMATE ET CAROTTE	RIZ GRAS A LA TOMATE AUX DIVERS LEGUMES A LA CREVETTE ET A L'ŒUF BOUILLI
GOUTER	ATCHOMON AVEC DU JUS D'ANANAS	BOUILLIE AKPAN AU SUCRE ET AU LAIT AVEC DE L'ARACHIDE	GARI DELAIYE AVEC DE LA GLACE AU SUCRE AU LAIT ET A L'ARACHIDE	BOUILLIE DE SORGHO AU SUCRE ET AU LAIT AVEC DES BEIGNETS YOVO	BOUILLIE DE TAPIOCA AU SUCRE ET AU LAIT AVEC DE PETIS GATEAUX

				DOCO NON SUCRES	
DINER	RIZ BLANC AVEC DE L'ALLOCO DE LA SOUPE AUX LESGUMES VARIEES ET AU POISSON	PIRON GRAS A LA TOMATE A LA SAUCE MONYO ET A LA VIANDE DE POULET	HARICOT A LA FRITURE DE TOMATE AVEC DU PAIN	PATE DE MAIS AVEC DE LA SAUCE GOMBO AUX CREVETTES ET AU SAUMON FUME	PATE AGBELI AVEC LA SAUCE LEGUME GBOMAN AU FROMAGE ET AU POISSON

RECOMMANDATIONS :

- Consommez de l'eau saine tous les jours pour étancher la soif. Augmentez votre apport en eau lorsqu'il fait chaud ou que vous faites une activité physique. Les boissons sucrées ne sont pas encouragées

- Éviter les repas trop salés. La consommation excessive de sel de cuisine par exemple par l'ajout de sel aux repas à la table, la consommation fréquente de poissons salés et de cubes peut augmenter le risque d'hypertension artérielle.

- L'assaisonnement avec les crevettes, l'ail et le gingembre apporte peu de sel

- Faire des activités physiques comme la marche à pas rapides ou un sport préféré. Il faut l'équivalent d'au moins trente minutes de marche à pas rapides par jour.

- Les personnes dont le travail est très physique ont moins besoin de se préoccuper de faire de la marche ou du sport. L'activité physique soutenue contribue à l'efficacité de l'insuline, au contrôle du poids et à la prévention de l'hypertension artérielle.

SEMAINE 5 :

REPAS	LUNDI	MARDI	MERCREDI	JEUDI	VENDREDI
PETIT DEJEUNER	PAIN GARNI DE VIANDES HACHEES ET DE DIVERS LEGUMES AVEC DU THE	BOUILLIE DE FLOCONS D'AVOINE AU SUCRE ET AU LAIT AVEC DU PAIN TARTINE DE MARGARINE	BOUILLIE DE SEMOULE DE MAIS AU SUCRE ET AU LAIT AVEC DU PAIN GARNI D'ŒUFS AU PLAT	BOUILLIE DE FARINE DE COSSETTES D'IGNAME AVEC DU LAIT DU SUCRE ET DES BEIGNETS	BOISSON DE CHOCOLAT AU LAIT AVEC DU PAIN GARNI D'OMMELETTES
DEJEUNER	RAGOUT DE POMME DE TERRE A LA CAROTTE A L'HARICOT VERT ET AU GESIER	DJONGOLI AU POISSON FRETIN ET A LA SAUCE PIMENTEE OU FRITURE DE TOMATE	PATES AUX ŒUFS BROUILLES ET A LA VIANDE	ATASSI A LA FRITURE DE TOMATE ET A LA VIANDE DE POULET	PATE DE RIZ AVEC LA SAUCE LEGUME GBOMAN DU POISSON ET DES CRUSTACES
GOUTER	BISCUITS AU CHOCOLAT AVEC DU YAOURT	CHIPS DE BANANES AVEC DU JUS D'ORANGE	IGNAME FRIT AU PIMENT AVEC DU JUS DE TAMARIN	CHIPS DE BLEFFOUTOU AVEC DU JUS DE BAOBAB	BEIGNETS TALE-TALE AVEC DU JUS D'ANANAS

DINER	ABOLO A LA SAUCE PIMENTEE ET AU POISSON FRIT	PATE DE MAIS AVEC DE LA SAUCE ASROKOUIN DES CRUSTACES ET DU POISSON FUME	RIZ AU POULET FRIT ET UNE SOUPE DE LEGUMES VARIES	PATE AMIWO AVEC DE LA SAUCE MONYO DU PIMENT ET DE L'AILERON DE POULET	IGNAME PILE A LA SAUCE D'ARACHIDE AU FROMAGE ET A LA VIANDE DE BŒUF

RECOMMANDATIONS :

- Les légumes de feuilles traditionnelles sont d'importantes sources de vitamines (A, B, C), d'oligo-éléments, de protéines, de fibres et de glucides et contribuent de ce fait à l'amélioration de l'état nutritionnel des populations aussi bien dans les zones rurales que dans les zones urbaines.

- De nombreux légumes de feuilles traditionnelles possèdent des vertus médicinales et sont utilisés pour soigner diverses maladies : paludisme, parasites intestinaux, infection, etc.

- Les feuilles de Tchiayo macérées peuvent lutter contre les vomissements, les diarrhées, les dystocies, les arrêts de grossesse, les troubles digestives, la constipation, la dysenterie, les hémorroïdes.

- La feuille de Gboman est riche en fibres, antioxydants, calcium, protéines, glucides.

- Il est donc important de consommer régulièrement les sauces légumes de feuilles traditionnels

Buvez 2 à 3 L d'eau par jour

SEMAINE 6 :

REPAS	LUNDI	MARDI	MERCREDI	JEUDI	VENDREDI
PETIT DEJEUNER	ALLOCO AVEC DES ŒUFS BROUILLES DU PAIN AVEC DU THE AU LAIT	BOUILLIE DE MAIS AVEC DU LAIT ET DES BEIGNETS YOVO DOCO SANS SUCRE	YAOURT AVEC DU PAIN SUCRE	BOUILLIE DE MIL AU LAIT AVEC DES BEIGNETS	DEGUE AVEC DES CROISSANTS
DEJEUNER	AKASSA AVEC LA SAUCE LAGUME MAN GNIGNAN DU POISSON FRIT ET DU FROMAGE	WASSA-WASSA A LA FRITURE DE TOMATE AVEC DIVERS LEGUMES EMINCES ET DES LAMELLES DE SAUCISSE DE POULET	RIZ GRAS AVEC UNE SAUCE DE LEGUMES DIVERS EMINCES ET DU POISSON	POIS DE TERRE (VOANZOU) AVEC DE LA FRITURE DE TOMATE ET DE LA VIANDE HACHEE	MANIOC BOULLIE AVEC DE L'HARICOT ROUGE DE LA FRITURE DE TOMATE ET DES SAUCISSES DE POULET
GOUTER	PATATES FRITES AVEC DU PIMENT ET DU JUS DE	CACAHUETES AU SUCRE AVEC DU JUS DE BAOBAB	ARACHIDES PREPARES AVEC DE L'EAU DE COCO	GARI DELAYE AVEC DU SUCRE DU LAIT	PETITS GATEAUX AVEC DU JUS DE BISSAP

	GINGEMBR E			DE LA GLACE ET DES GALETT ES KLUI-KLUI	
DINER	COUSCOU S AVEC UNE SAUCE DE LEGUMES DIVERS DES CREVETTE S ET DES OEUFS	PILON AVEC DE LA SAUCE ADIDON DES CRABES ET DU POISSON FUME	FRITTES AVEC DES BOULETTES DE VIANDE ET UNE SAUCE VINAIGRET TE	RIZ A LA SAUCE EPINAR D DU POISSO N ET DE LA VIANDE DE MOUTO N HACHEE	TARO BRAISE AVEC DE L'HARICOT BLANC OU ROUGE PRECUIT ET DE LA FRITURE DE TOMATE

RECOMMANDATIONS :

- Fruit miracle (Assissré) : a pour effet de supprimer les sensations d'acidité et d'amertume de tous les aliments pendant 30 à 60 minutes.
- Corossol (Chap Chap) est un puissant diurétique, un excellent hypotenseur et un formidable régulateur des fonctions de l'organisme.
- Noix de palme (Dé) : riche en vitamines A et E, elle attenue les coups de soleil ou encore les vergetures
- Pomme étoile (Azonbébé): riche en vitamines A, B1, B2, B3 et C. La peau du fruit intervient dans la guérison des maux de ventre, alors que le jus contenu à l'intérieur, purifie le sang.
- Riche en vitamines A, C, le pamplemousse est un excellent remède naturel. Il empêche l'oxydation des cellules et les protège du vieillissement.
- Le badame ou cola permet de traiter les angines de poitrine, les crises d'asthme, les bronchites.
- L'orange est riche en flavonoïdes, composants antioxydants qui permettent de lutter contre les radicaux libres, responsables du vieillissement de la peau et de nombreuses pathologies. L'orange contient des glucides assimilés à des sucres qui apportent rapidement de l'énergie à l'organisme.
- Tamarins velours (Assoinssoin) :La pulpe est riche en vitamines C, A. Sa mastication améliore la lactation chez les femmes enceintes et les mères allaitantes. Elle permet aussi de contrôler les infections génitales.
- Source de manganèse essentiel à la santé des os, l'ananas aide à réduire la perte de densité osseuse, soulage l'arthrite et empêche la formation de caillots sanguins. Il favorise aussi la digestion.

- Banane jaune (Kouékoué) renforce les os et les muscles et lutte contre les troubles intestinaux. Elle neutralise également l'hyperacidité et réduit l'irritation de revêtement de la muqueuse de l'estomac.

SEMAINE 7 :

REPAS	LUNDI	MARDI	MERCREDI	JEUDI	VENDREDI
PETIT DEJEUNER	UNE BAGUETTE DE PAIN DU FROMAGE ET DU JUS D'ORANGE	OMMELETTES AU THON AVEC DU PAIN ET DU YAOURT A LA BANANE	THE A LA CITRONELLE AVEC DU PAIN ET DES ŒUFS AU PLAT	BOUILLIE DE BLE AVEC DU LAIT ET DES BEIGNETS DE FONIO	BOUILLIE DE SEMOULE DE MAIS AVEC DU LAIT ET DES BEIGNETS
DEJEUNER	PATES ALIMENTAIRES A LA SAUCE TOMATE AUX DIVERS LEGUMES AVEC DES LAMELLES DE SAUCISSE DE POULET	RIZ AVEC DES BOULETTES DE POISSON ET UNE SAUCE DE LEGUMES VARIES	PUREE D'HARICOT BLANC OU ADOWE AVEC DE LA FRITURE DE TOMATE ET DES SAUCISSES DE POULET	RIZ BLANC AVEC DE LA SAUCE DE BASILIC ET DU POISSON	CASSOULET AVEC DES LEGUMES VARIES DES SAUCISSES ET DU PAIN
GOUTER	BEIGNETS DE MANIOC AVEC DU COCO	PASTELS AUX ŒUFS OU A LA VIANDE HACHEE AVEC DU JUS D'ORANG	COCO GRILLE AVEC DU JUS D'ANANAS	MAIS GRILLE AVEC DE L'ARACHIDE	BEIGNETS D'HARICOTS AVEC DU PIMENT ET JUS DE GINGEMBRE

		E			
DINER	SALADE DE LAITUES ET AUTRES LEGUMES VARIES AVEC DE LA VINAIGRETTE	COME AVEC DE LA SAUCE PIMENTEE ET DU POISSON FRIT	PATE DE MAIS AVEC DE LA SAUCE MANTINDJAN ET DU FROMAGE	PATE AMIWO AU GESIER DE POULET ET UNE SAUCE TOMATE PIMENTEE	AKASSA AVEC DE LA SAUCE LEGUME ALLOMANGBO ET DU POISSON

RECOMMANDATIONS :

- La marque Linwoods prétend qu'en ajoutant 25 grammes (2 cuillères à dessert) de graines à un plat, on couvre une grande partie du tableau périodique des aliments.
- Par exemple, l'un de ses produits comprend du Chanvre (fer et magnésium), du chia (calcium, fer, magnésium, Phosphore et zinc). Et du lin (calcium, magnésium et potassium). En d'autres termes, il contient une grande partie du tableau périodique des aliments pour un régime équilibré.
- Un autre aliment à considérer sont les cacahuètes. Elles contiennent du magnésium, du zinc, du phosphore, du nickel (favorise l'absorption du fer) et du fer en abondance. Le Beurre de cacahuète, tel que celui de Whole Earth, est un excellent allié pour l'inclure. Car il peut être ajouté à de nombreuses recettes

SEMAINE 8 :

REPAS	LUNDI	MARDI	MERCREDI	JEUDI	VENDREDI
PETIT DEJEUNER	BOUILLIE DE SOJA AVEC DES BEIGNETS	PAIN AVEC DE LA PUREE D'AVOCAT ET DU THE	BOUILLIE DE MAIS AU LAIT AVEC DES BEIGNETS	OMMELETTES AVEC DU PAIN ET DU JUS D'ORANGE	BOUILLIE DE FLOCONS D'AVOINE AU LAIT AVEC DU PAIN
DEJEUNER	PATATES BOUILLIES AVEC DES ŒUFS BROUILLES	NOUILLES INSTANTANNES INDOMIE AUX CREVETTES SAUTEEES	RIZ SAUTE A LA SARDINE	RAGOUT D'IGNAME AVEC DU POISSON FUME	IGNAME PILE AVEC DE LA SAUCE D'ARACHIDE ET DU POULET
GOUTER	TAPIOCA AU LAIT ET AU SUCRE AVEC DE L'ARACHIDE GRILLE	MANGUE	DU YAOURT NATURE AVEC DES BISCUITS	CHIPS DE BANANE AVEC DU JUS D'ANANAS	CHIPS DE BLEFFOUTOU AVEC DE LA PAPAYE
DINER	PATE DE MAIS AVEC DE LA SAUCE TOMATE	ATTIEKE AVEC ALLOCO DES CRUDITE	POMME DE TERRE SAUTEE AVEC DE LA FRITURE DE	HARICOT BLANC OU ROUGE AVEC	RIZ GRAS AVEC DU POULET

	DE LA SAUCE CRINCRIN ET DU POISSON FRAIS	S ET DU POISSON FRIT	TOMATE ET DES SAUCISSES DE POULET	DES MORCEAUX DE VIANDE DE L'HUILE ET DU PAIN	

RECOMMANDATIONS :

- Limiter l'huile dans la cuisson des repas. Trop de gras, surtout si c'est du gras d'origine animale, peut favoriser l'obésité et les maladies cardio-vasculaires.
- Éviter aussi les multiples cuissons avec la même huile

SEMAINE 9 :

REPAS	LUNDI	MARDI	MERCREDI	JEUDI	VENDREDI
PETIT DEJEUNER	PAIN GARNI D'ALLOCO ET D'OMMELETES AVEC DU THE AU LAIT	BOULLIE DE RIZ AU LAIT AVEC DU COCO RAPE	PAIN GRILLE AVEC DE LA MARGARINE ET DU YAOURT	BOULLIE DE COSSETTE D'IGNAME AU LAIT ET DES BEIGNETS	PAIN GARNI DE SAUCISSE DE KETCHUP D'OIGNON GRILLES ET DE MOUTARDE AVEC DU THE
DEJEUNER	BANANE BOUILLIE AVEC DE LA FRITURE DE TOMATE ET DU POISSON	COUSCOUS EXPRESS AVEC DES LEGUMES DE LA FRITURE DE TOMATE ET DES ŒUFS BOUILLIS	MACARONIS A LA TOMATE AUX LEGUMES VARIES ET DES LAMELLES DE SAUCISSE DE POULET	RIZ AVEC DE LA SAUCE TOMATE ET DU FROMAGE DE SOJA	ATASSI AVEC DE LA FRITURE DE TOMATE ET DES ŒUFS BOUILLIS
GOUTER	TAPIOCA AU LAIT AVEC DES PETITS GATEAUX	CORNET DE GLACE	CREPES AVEC DE LA CONFITURE ET DU YAOURT	AKPAN AU LAIT ET DE L'ARRACHIDE	GARI DELAYE AVEC DES BEIGNETS D'HARICOT

 Buvez 2 à 3 L d'eau par jour

				GRILLE	
DINER	PATE DE COSSETTE (TELIBO) AVEC DE MA SAUCE LEGUME ALLOMANGBO ET DU POISSON	AKASSA AVEC DU MAN GNIGNAN ET DU FROMAGE	ATIEKE AVEC DU POISSON BRAISE ET DES CRUDITES	WASSA-WASSA AVEC DE LA FRITURE DE TOMATE ET DU POISSON FRIT	PATE DAKOIN AVEC DE LA SAUCE MONYO ET DES CRUSTACES

RECOMMANDATIONS

- La pomme de cajou renferme plus de vitamine C que les fruits d'agrumes.
- La mangue est le fruit tropical le plus consommé au monde après la banane. Sa chair orangée et juteuse est une bonne source de fibres et de vitamine C
- Mandarine (Liman) : Elle aide à réduire les insomnies, les angoisses ainsi que les troubles de la digestion. Riche en vitamine C, elle renforce le système immunitaire. Cet agrume antioxydant et anti-inflammatoire joue un rôle dans la prévention de certains cancers, notamment du colon et des maladies cardio-vasculaires
- Riche en vitamine E, en vitamine C, en bêta- carotène et en lycopène, des composés qui possèdent tous un fort pouvoir antioxydant, la tomate est un fruit parfait pour lutter contre les radicaux libres, des composés responsables du vieillissement prématuré de nos cellules. Elle est excellente pour le foie et diminue l'hypertension.
- Fruit à pain (Blèfoutou): riche en fibres, il aide à soulager la douleur de personnes sujettes au diabète. Il permet de manger sans augmenter l'apport calorique.
- Riche en vitamine C et en fibres nutritives, la banane rouge joue un rôle important dans la régulation des selles. Elle baisse la tension artérielle, améliore la santé digestive et contribue à une meilleure circulation sanguine.
- Potiron (Ayikpè) : aliment très peu calorique, il est utile dans le traitement de maladies touchant les reins, la prostate ou la vésicule biliaire. Il est riche en protéines, potassium, magnésium, zinc, fer et acides gras essentiels.

SEMAINE 10 :

REPAS	LUNDI	MARDI	MERCREDI	JEUDI	VENDREDI
PETIT DEJEUNER	BISCOTTES AVEC DU THE ET DES ŒUFS AU PLAT	PAIN GARNI DE MARGARINE AVEC DU JUS DE FRUITS NATUREL	BOULLIE DE SEMOULE DE BLE AU LAIT AVEC DU CROISSANT	BOULLIE DE SEMOULE DE MAIS AU LAIT AVEC DES BEIGNETS DOCO	YAOURT AVEC DU PAIN GARNI DE PUREE D'AVOCAT
DEJEUNER	RIZ BLANC AVEC LA SAUCE DENSONOU ET DU FROMAGE	TOUBANI AVEC DU POISSON FRIT ET DE LA FRITURE DE TOMATE	SOUPE DE PEITS POIS ET D'HARICOTS VERTS AVEC DES LAMELLES DE SAUCISSE ET DU PAIN	PATES ALIMENTAIRES AVEC DU MAIS DOUX DU THON ET DE LA VINAIGRETTE	RIZ GRAS AVEC DU POULET ET UNE SOUPE AUX LEGUMES
GOUTER	BARRES DE CHOCOLAT AVEC DU YAOURT	POMMES AVEC UNE TARTE OU UNE CREPE	BEIGNETS TALE-TALE AVEC DU DEGUE	IGNAMES FRITS ET DES BEIGNETS D'HARICOT AVEC	PANCAKES AVEC DU JUS DE BAOBAB

				DU JUS DE BISSAP	
DINER	PATE DE RIZ AVEC DE LA SAUCE MAN TINDJAN ET DU POISSON	PATE DE GARI AVEC DE LA SAUCE ADIDON DES CRUSTACES ET DU POISSON	MANIOC BOULLI AVEC LE HARICOT PRECUIT DE LA FRITURE DE TOMATE(DJA) ET DE LA VIANDE HACHEE	ABOLO AVEC DU PIMENT ET DU POULET	ATASSI AVEC DE LA FRITURE DE TOMATE ET DU FROMAGE

RECOMMANDATIONS

- La carotte a des bienfaits sur de multiples pans de notre organisme : peau, yeux, système digestif, allié minceur, bonne santé cardiovasculaire et lutte contre certaines maladies comme le diabète. La carotte ne met pas seulement de la couleur dans l'assiette, mais également dans notre vie en ayant des propriétés exceptionnelles.

- Le chou est une excellente source de vitamine C. Cette dernière nous aide à garder gencives, dents et peau en bonne santé. Le chou est une source acceptable de vitamines B, comme l'acide folique et la vitamine B6.

- La laitue régule les fonctions digestives, favorise la digestion et le transit.

- Le chocolat améliore le fonctionnement des artères et de la circulation sanguine, c'est un puissant antidépresseur naturel et une source de vitamines B1 et B2 pour notre système nerveux. Il est bon pour la concentration et la mémoire.

ANNEXE

LISTE DE COURSES TYPE POUR UNE SEMAINE

RIZ
1KG

MAIS
1 KG

PATES ALIMENTAIRE
2 Sachets de 500G

HARICOT
$\frac{1}{2}$ KG

GARI
$\frac{1}{2}$ KG

TAPIOCA
$\frac{1}{2}$ KG

COUSCOUS
1Sachet de 500G

LAIT

$\frac{1}{2}$ KG

SUCRE

$\frac{1}{2}$ boîte

HUILE

$\frac{1}{2}$ L

FROMAGE DE SOJA

6portions

OIGNON, TOMATE ET AUTRES LEGUMES

Qté raisonnable

BANANE, CITRON ET AUTRES FRUITS

3 unités de chaque

ŒUFS

6 unités

POISSONS ET/OU VIANDE

$\frac{1}{2}$ KG

CONCENTRÉ DE TOMATE

3 Boîtes

CÉRÉALES ET TUBERCULES

Ces deux groupes d'aliments sont la principale source d'énergie pour l'organisme. Les céréales, comme le mil, le maïs, le riz et le blé, fournissent un peu plus de protéines que les tubercules (par exemple, le manioc et la patate douce). Le plantain fait partie du sous-groupe des tubercules.

Le nombre de portions peut varier selon les besoins énergétiques, qui dépendent de l'âge, de l'état physiologique et de l'activité physique. Les adultes qui devraient perdre du poids ou au contraire en gagner diminueront ou augmenteront le nombre de portions de céréales et tubercules. Par exemple, si vous avez un surplus de poids, vous pouvez consommer le nombre minimum de portions recommandées pour votre âge et votre sexe.

VIANDE, POISSON, HARICOTS ET AUTRES ALIMENTS RICHES EN PROTÉINES

Ces aliments servent à construire et à réparer l'organisme; ils ont une place dans l'alimentation des adultes et encore plus dans celle des enfants. Outre les protéines, ils contiennent du fer.

Les aliments végétaux de cette catégorie sont des sources concentrées d'énergie et de protéines, bien que leurs protéines soient moins complètes que celles des denrées animales. Les noix et les graines (arachides, soja, graines de courge) contiennent en outre du gras, ce qui n'est pas le cas des haricots ou des pois. Les aliments protidiques végétaux peuvent être utilisés à la place des aliments protidiques d'origine animale (par exemple, la viande, la volaille, le poisson, les oeufs) aux repas.

LÉGUMES ET SAUCES À BASE DE LÉGUMES

Les légumes doivent être consommés tous les jours et en grande quantité. Ils doivent être lavés à grande eau et apprêtés avec peu ou pas d'huile. Ils fournissent à l'organisme de l'eau, des fibres, des vitamines, des minéraux et des antioxydants. Il est important de cuire les légumes le moins longtemps possible pour bénéficier pleinement de ces éléments nutritifs. Utiliser peu d'huile dans les sauces.
Les feuilles vertes et autres légumes locaux sont tout aussi valables pour la santé que les légumes importés.

FRUITS

Les fruits apportent à l'organisme des fibres, des vitamines, des antioxydants, des minéraux et de l'eau. Il en faut consommer tous les jours en choisissant les fruits disponibles selon les saisons. Le sucre naturel des fruits suffit; il n'est pas nécessaire d'ajouter du sucre.

Les jus de fruits devraient être consommés en petites quantités. Les fruits séchés font aussi partie de ce groupe. Comme ils ne contiennent plus d'eau, ils sont très concentrés, de sorte qu'il en faut peu pour une portion.

PRODUITS LAITIERS

Les produits laitiers fournissent des protéines et sont surtout une source importante de calcium. Ce groupe d'aliments inclut le lait de différentes espèces animales ainsi que les produits transformés tels que le fromage et le yaourt.

Le lait concentré non sucré est à préférer au lait concentré sucré, comme le yaourt nature est préférable au yaourt sucré.

Si les produits laitiers ne font pas partie de vos habitudes alimentaires, ils peuvent être remplacés par d'autres aliments fournissant du calcium, comme les poissons consommés avec les arêtes, les crustacés et les poissons séchés (par exemple, les anchois séchés).

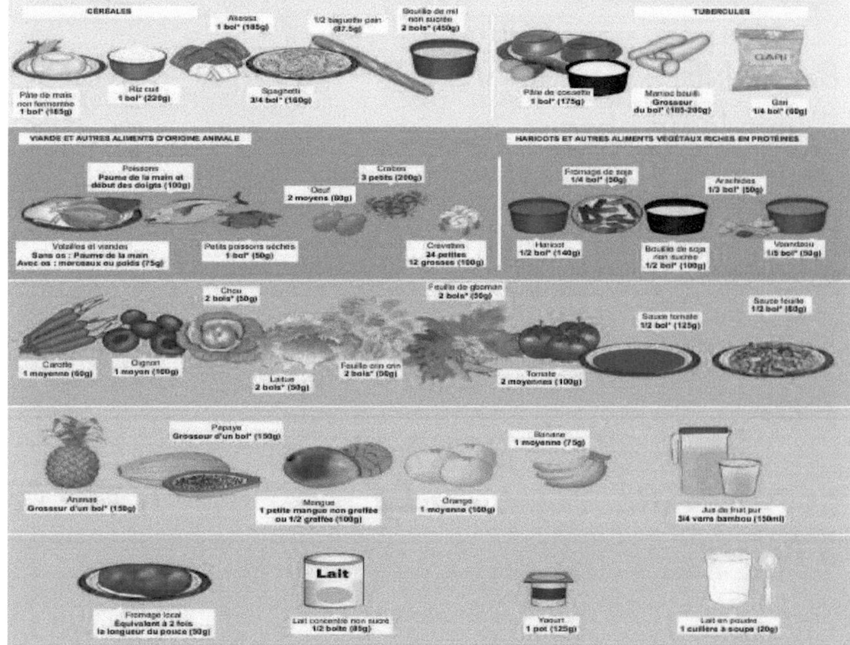

SOURCES

Bibliographie

GUIDE ALIMENTAIRE DU BENIN

GUIDE DE CHOIX NUTRITIONNEL DES RESSOURCES ALIMENTAIRES LOCALES

MIEUX MANGER EN ETANT ETUDIANT ; IUT

Références

https://www.google.com/url?sa=t&source=web&rct=j&url=https://www.couleurafrique.com/app/2022/05/27/nos-fruits benin/%23:~:text%3DLe%2520B%25C3%25A9nin%2520compte%2520plus%2520d,selon%2520les%2520sp%25C3%25A9cialistes%2520en%2520sant%25C3%25A9.&ved=2ahUKEwiF5LDsq-j9AhWOSsAKHcWfDZAQFnoECBIQBQ&usg=AOvVaw30YxPhehDrNcP9U1ZwQ8qM

https://www.google.com/url?sa=t&source=web&rct=j&url=http://dimariagbenou.over-blog.com/2018/06/10-petits-dejeuners-et-gouters-les-plus-populaires-du-benin.html&ved=2ahUKEwjp5bSLrOj9AhWILMAKHcy6BBkQFnoECB8QAQ&usg=AOvVaw3sGEb6G0pTy5Tw8ePIR8IN

https://www.google.com/url?sa=t&source=web&rct=j&url=https://kpedora.com/petit-dejeuner/&ved=2ahUKEwjp5bSLrOj9AhWILMAKHcy6BBkQFnoECCAQAQ&usg=AOvVaw0GiJ4EohSmXP5-yyO4iRTE

https://www.google.com/url?sa=t&source=web&rct=j&url=http://africultures.com/on-mange-bien-au-benin-1533/&ved=2ahUKEwibt_aarOj9AhWCZMAKHdKYCjs4ChAWegQIBhAB&usg=AOvVaw0WaT_ej17e13SLpQwDkDAk

https://www.google.com/url?sa=t&source=web&rct=j&url=https://www.rilale-uac.org/wp-content/uploads/2019/01/HABITUDES-ALIMENTAIRES-AU-PETIT-DEJEUNER-DES-ECOLIERS-ET-ELEVES-DANS-LA-MUNICIPALITE-DE-PARAKOU.pdf&ved=2ahUKEwibt_aarOj9AhWCZMAKHdKYCjs4ChAWegQIJhAB&usg=AOvVaw1CYFCiC3wa1pV1eWtkazB8

https://www.google.com/url?sa=t&source=web&rct=j&url=https://www.researchgate.net/publication/259999130_Consommation_alimentaire_des_menages_urbains_au_Benin&ved=2ahUKEwiq1qX2rOj9AhVgQPEDHfLbDXcQFnoECC4QAQ&usg=AOvVaw30DyAiKAbRMX2D9jtuJXyj

https://www.google.com/url?sa=t&source=web&rct=j&url=https://beninwebtv.com/bon-a-savoir-les-vertus-medicinales-du-gboma-grande-morelle/&ved=2ahUKEwjqyOKnn-j9AhWz9rsIHWQMBx44ChAWegQICBAB&usg=AOvVaw2QlRmBcX1Hl_owG6H7XHtw

https://www.google.com/url?sa=t&source=web&rct=j&url=https://www.beninactu.com/bien-etre/ces-aliments-a-integrer-dans-votre-alimentation-pour-etre-en-bonne-sante/1094/&ved=2ahUKEwjqyOKnn-j9AhWz9rsIHWQMBx44ChAWegQIDhAB&usg=AOvVaw1qSpzpx-mipkZDOhLTYzBn

https://www.google.com/url?sa=t&source=web&rct=j&url=https://www.researchgate.net/publication/299289600_Biodiversite_des_Legumes_feuilles_Traditionnels_consommes_au_Benin%23:~:text%3DIls%2520sont%2520d%27importantes%2520sources,que%2520dans%2520les%2520zones%2520urbaines.&ved=2ahUKEwiJlMq9nuj9AhUNXsAKHV4nCCUQFnoECAgQBQ&usg=AOvVaw0j-iZQhOjh_PUNSTt44lJO

Table des matières

Printed by Books on Demand GmbH, Norderstedt / Germany